Best Time

白 马 时 光

[日] 米泽敬——著
[日] 出口春菜——绘
罗梦迪——译

全世界的小幸运

Let's believe in
Happiness signs from around the world

想知道，最近发生在身边的事情中都隐藏着什么讯息吗？

百花洲文艺出版社
BAIHUAZHOU LITERATURE AND ART PRESS

作者序言

“sign”一词，有着“征兆”“标志”的含义。“decode”的意思是“解码”，也就是将“code”进行分析和解读。同样的，“design”一词，最初也被理解为“征兆”或“塑形”。自古以来，全世界的人们都有一个共同的爱好，那就是——尝试解读身边所发生的事情中所隐含的信息。

蚁鴷（一种鸟的名字）的日语名字写成“蚁吸”，属于啄木鸟科，因主要以蚂蚁为食而得名。因这种鸟总是歪着头往后看，所以被古希腊人视为不祥的物种。古希腊人把这种鸟叫作“jinx”，这也是后人把不祥的征兆称为“jinx”的原因。而最近，又开始流行将吉祥的征兆也称为“jinx”。

不过，说到“jinx”一词，其实它更多地用来表达类似“穿鞋先穿右脚会带来好运”这种“谋求吉利”“谋求好运”的含义。而这些可以通过人的意志进行控制，因此与“征兆”“标志”还略有不同。

本书侧重于“征兆”“标志”的描述，也就是那些与个人意志无关、偶然邂逅或目睹，或是不小心做错事情而带来的“征兆”。所谓的“幸运符”在本书中不会出现。暂且不论这些“幸运符”是否有效，至于是否要亲自使用“幸运护符”（兔子的后脚）或者“捕梦网”（美洲土著用来防止孩子做噩梦的护身符），就看你的心情啦。

从古至今，全世界都认为，鸟儿是最能代表吉兆的。也许是因为人们觉得，从天空或其他国度飞来的鸟儿会带来未知的惊喜吧。过去，日本人认为，像天鹅这样的候鸟，可以摆渡灵魂。人们对鸟儿飞翔的样子和鸣叫的声音进行解读，认为这其中被赋予了特定的含义。

实际上，如果把世界各地的“征兆”和“标志”收集起来分析，你会发现：“坏的征兆”要远远多于“好的征兆”；即便是“幸运符”，“摆脱厄运”的幸运符也要远远多于“招致好运”的幸运符。

举个例子，与恋爱有关的“坏征兆”简直不胜枚举：梦见核桃、向红茶里先放牛奶再放糖、采摘被露水打湿的三色堇、弄坏雨伞、干烧水壶、喝进口中的葡萄酒洒出、小狗穿过一对情侣中间等等，其中甚至还有“一边刷牙一边照镜子”这样的说法，这么一来，绝大多数人都要遭受不幸了。

“坏的征兆”之所以会远远多于“好的征兆”，大概是因为坏事更容易被人们记住。一旦发生了好事，人们会对未来充满希望；而一旦发生了坏事，自然想要从过去的事情中寻找原因，并且会将原因归结到他人身上，这也是人之常情。但仔细想想，或许就是应该这样：当发生坏事时，引以为戒，防止以后再次发生；而发生好事时，则仔细想想它的原因。

常言道：描绘人生的蓝图。若按前面所述的“征兆”“标志”来解释的话，即通过日常的一些征兆去预判未来，描绘自己的人生，那么，假设有一天你邂逅了一只黑猫，那它到底是“好的征兆”还是“坏的征兆”呢？这两种说法都有，所以最终还是要看你自己的判断。反坏为好，才是解读的方法。那么首先让我们来了解眼前的一些“征兆”和“标志”吧。

画家序言

初次打开这本书的时候，不禁令人满心喜悦。好想对你们说一句：欢迎光临。

在这个世界上，幸福的征兆有很多很多。有些是难得一见的极其偶然，有些是不值一提的琐碎日常。喜欢的耳饰掉落、重要的信件弄脏，甚至不是那么顺利的事情都可以为我们指引幸运的方向。

而这些亦实亦虚的东西，却悄悄地在内心深处生根发芽。有时候，它可以帮助我们战胜困难；有时候，又可以帮我们播种单纯的愿望。

就像白天和黑夜同时存在一样，既然有幸运的征兆，就一定也有不太好的征兆。不管是哪一种，都会提醒我们日常不易察觉的细节，教会我们怎样度过充实而淡定的每一天。光明与黑暗交织在一起，彼此映照。

在读这本书之前，我自己也只听说过“五叶苜蓿”和“茶梗立起”的说法，而即便是听过，也没有亲眼见过。但读完之后，心里会觉得，“欸？好像真的是这样呢！”也想要去试着相信它。怀着这样的心情，我悄悄地将它们画在了纸上。

相信读过这本书的你们，一定也会庆幸自己听到了这些“征兆”说给我们的悄悄话吧。

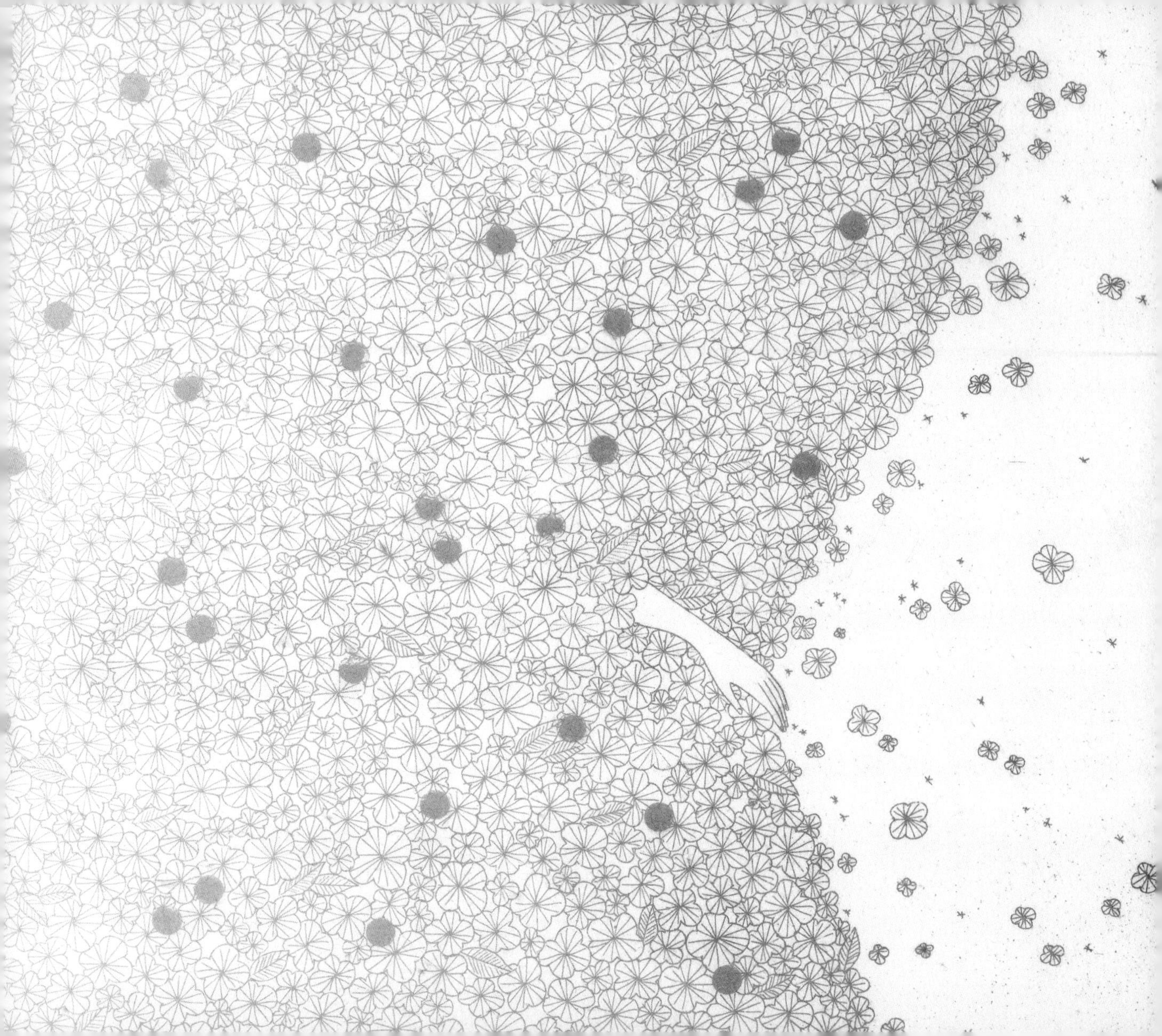

目录

目录

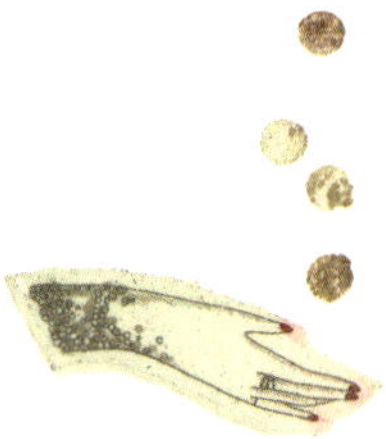

静待风来

风 吹 铃 动

欧洲 Europe

铃声，预示着即将发生的事情。

风吹铃动，乐音入耳，视为吉兆。

哪怕不经意地错按，

也会为你带来好运。

然而，如果你不小心弄坏了铃铛，

作为报复，它会招来坏事的。

随后，展开于掌心

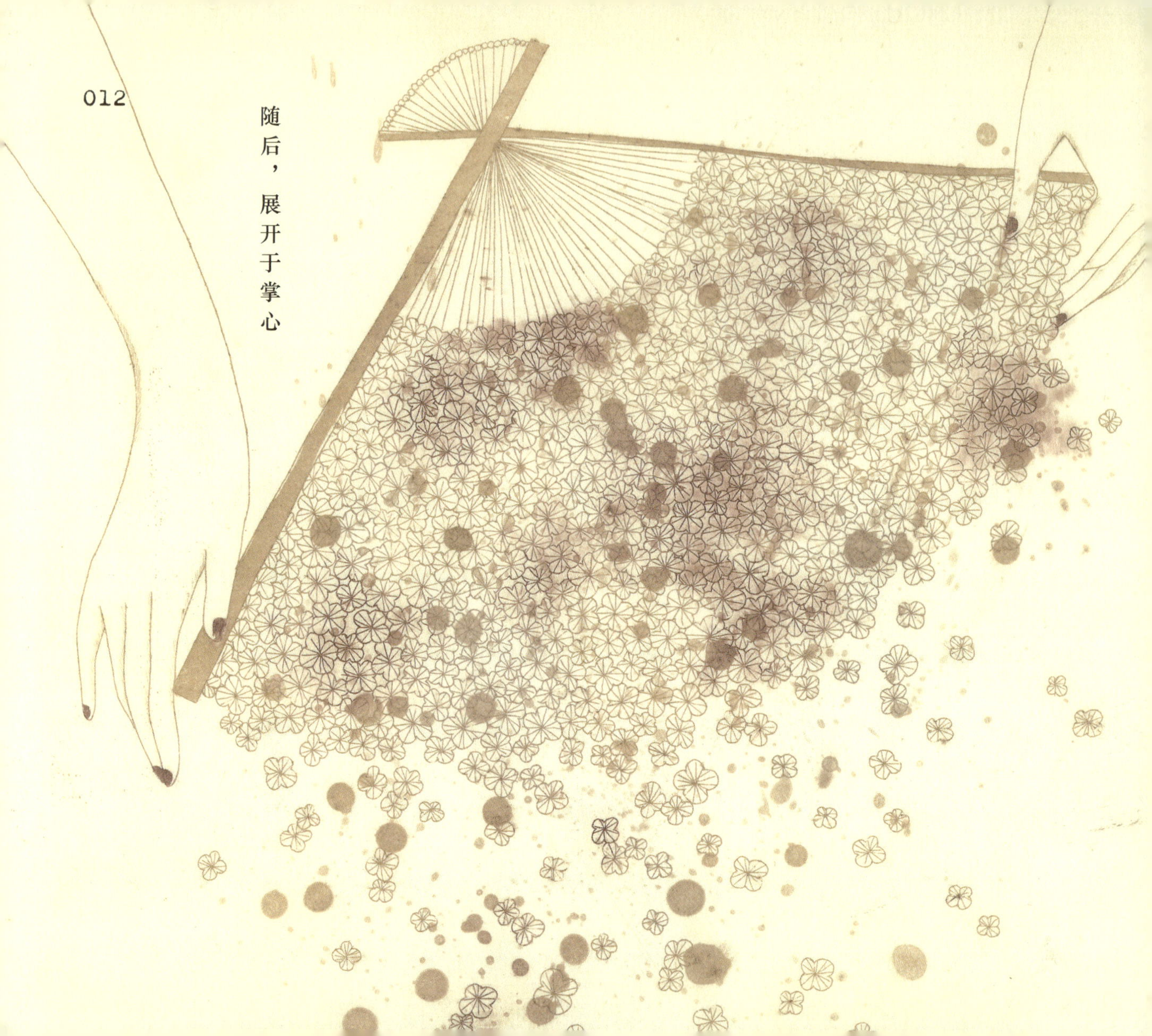

拾扇之喜

日本 Japan

在日本的传统中，慢慢地展开扇子，原本就是吉兆。

同样的，拾起扇子，也是吉兆。

然而，梳子这东西，可是绝不能拾的。

这是因为，Kusi（“梳子”的日语发音）= 苦死。

在欧洲的传统中，把梳子烧掉或者弄坏，都是不大好的事情。

不过，千叶县倒是流传着这样的说法：

新年里折断梳子，昭示着好运即将到来。

今天，
选哪一边的膝盖才好呢？

犬嗅左膝

印度 India

在印度，人们根据狗狗的鼻子来判断吉凶。
出门之前，如果狗狗嗅了你的左膝，
那便意味着大笔大笔的财富正在路上。
如果不巧嗅的是右膝，那么，你可能就要遭遇烂桃花了。
若是狗狗对左侧大腿感兴趣，你可能会收获宝物。
但若是右侧大腿的话，则预示着与朋友产生矛盾。

梦见红玫瑰，代表与心爱的人结合。
而梦见白玫瑰，则意味着失恋的悲伤。
如若一个女孩子还没有心上人，
则只要连续三晚置一面镜子于枕头下，
未来的丈夫就会出现在梦中。
在某些国家，人们则相信：
女孩子戴着借来的戒指入睡，
梦里就会遇见未来的丈夫。

欧洲 Europe

红玫瑰之梦

在梦里，寻找心爱之人的身影

你被它选中啦

邂逅昆虫

孟加拉国 Bangladesh

不仅在孟加拉国，

世界上许多国家都流传着此说法：

落在身上的昆虫会带来好运，

尤其是在欧美国家，

瓢虫是一枚大大的吉祥物。

在北欧，它会助你愿望成真。

而中欧国家的人们则认为：

如果女孩的头发上停留着一只瓢虫，

那么她在一年内就会步入婚姻的殿堂。

扔帽入河

德国 Germany

散步的时候，若是帽子被风吹落河中，
那么作为交换，幸运会来到你的身旁。
如果帽子破了个洞，那么你可能要面临秃顶的悲哀了。
还有，如果被别人的左手碰到了你的帽子，
那么接下来的一整天都将会倒霉。
另外，放在床上的帽子也是不祥之兆。
在日本，双脚跨过帽子，同样也意味着不吉利。

凝视水流向的远方

血 泡 冒 出

欧洲 Europe

自古以来，

人们认为血液拥有神奇的力量。

如若不知不觉中身体受了伤，

这在世界各地都被认为是某种预兆。

磨出血泡或者衬衫沾血，

这些都是吉兆。

有些地方的人们相信：

结婚当天流鼻血，则预示着未来会到海外去生活。

堆积的愿望，美好的伤痛

邻 人 同 名

德国 Germany

在聚会或宴会中，

自己的左右邻是谁？

这个问题相当关键。

但比起你是否喜欢他们，

搞清他们的名字似乎更重要。

如果左右二人的名字相同，

那么请相信，你很快就会被幸福眷顾啦。

可是，一定要记住，

千万不能三个人一起拍合照。

如果这样做的话，

正中间的你会遭受不幸的。

初次见面，
请问您的名字是？

眼 见 空 瓶

美国 USA

欧洲人认为，
如果在路上见到好多好多的瓶子，
那么幸运很快就会降临到你的身边。
而美国人对于“幸运征兆”的理解，
不是“瓶子”，而是“空瓶”。
这个说法在美国超级棒球联赛中得到了应验：
据说，在某一次比赛中，
原本状态不佳的贝比·鲁斯，
突然间瞥见了场下领队喝空的瓶子，
就一下子振奋起来，反败为胜。

一股看不见的力量，推动前行

五 叶 苜 蓿

欧洲 Europe

四叶草的每一片叶子分别象征着：

希望、信任、爱情、幸运。

一万株苜蓿中才有一株，极其罕见。

三分之一的法国人相信，遇见四叶草，就等于邂逅幸运。

而比四叶草更加珍贵的五叶草，

一生中只要能遇见一次，便已经称得上奇迹。

五叶草的第五片叶子，
会带来怎样的幸运呢？

香甜的魔力，憧憬的故事

苹果燃烧

英国 UK

烤着烤着，苹果突然发出响声，
这预示着好事即将发生。
神奇的苹果，它是伊甸园的象征。
在英国，有着这样的传统：
采摘苹果的时候，务必在树上留下至少一个。
这是给神灵准备的，不然坏事就会找上门来。
另外，还有一个说法是：
在完整地吃掉一个大苹果之前，
如果不先用手擦一擦就大口咬下去的话，
会招来祸事。

吹熄蜡烛

欧洲 Europe

俗话说，失败是成功之母。
有时候，错误也是幸运的征兆。
如果你不小心把蜡烛吹灭，
这恰巧说明，好运即将到来。
如果你原本想把蜡烛吹灭，
却没能成功，这是倒霉的象征。
还有一些其他的“错误”，
比如穿反衣服、戴反左右手套，
都是幸运的征兆。

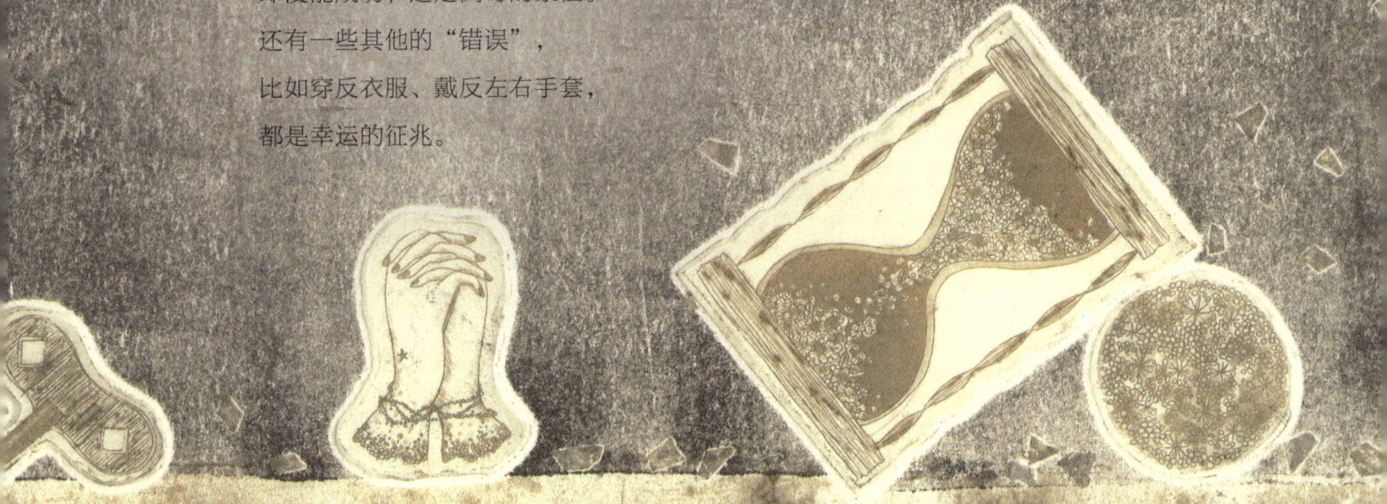

黑暗中，突然闪现一片光明

白色蟋蟀

欧洲 Europe

即使眼前的生活不尽如人意，

只要能见到白色蟋蟀，

就一定会时来运转。

哪怕是已经分手的恋人，

也会回到自己身边。

对，就是这么神奇。

美国人认为：

即便不是白色的蟋蟀，

但只要它来家里串门，

就能把好运带进门来。

在爱尔兰，人们相信：

在平安夜听到蟋蟀的鸣叫声，是最最幸运的事情。

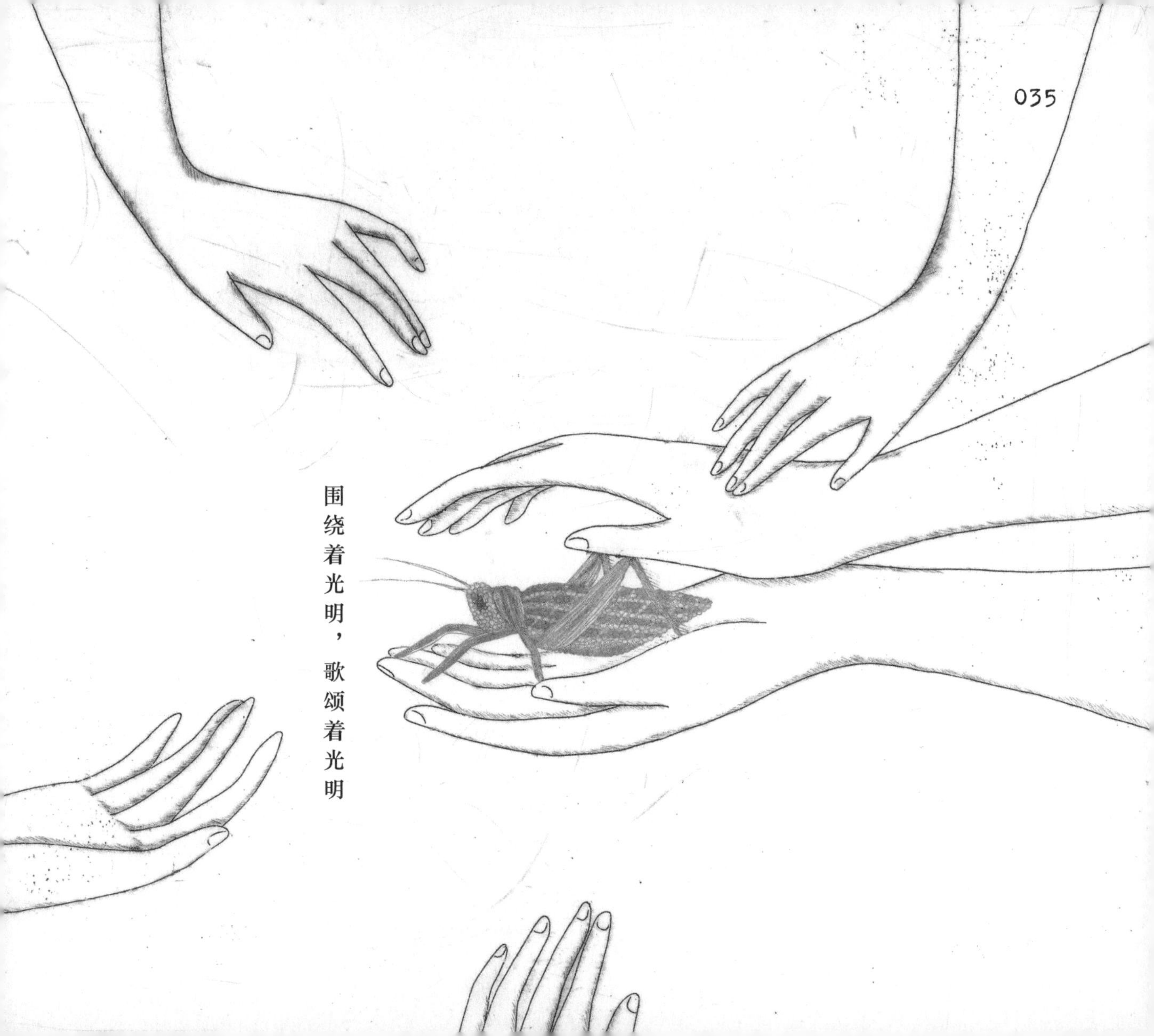

围绕着光明，歌颂着光明

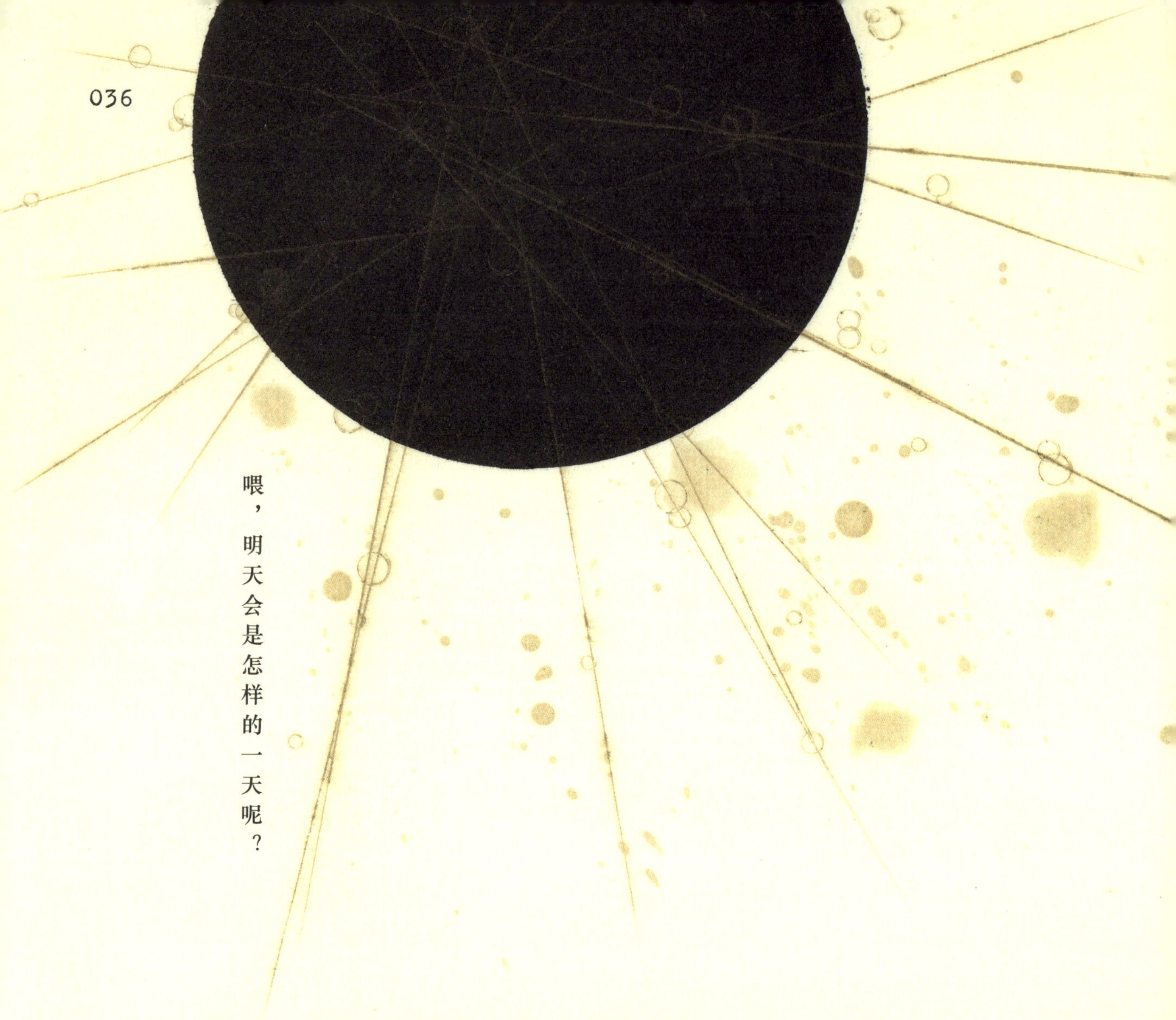

喂，明天会是怎样的一天呢？

猫咪洗脸

日本 Japan

世界各地都流传着这样的说法：

猫是一种可以预知天气的神奇动物。

土耳其的传说：猫咪打喷嚏，很快会下雨。

欧美的传说：猫咪伸懒腰，果然要下雨。

山形县的传说：猫咪拨弄耳朵上方，很快会天晴。

还有一条：猫咪洗脸洗到耳朵后面，好事很快就要来临。

书本掉落

欧洲 Europe

东西从架子上掉下来，令人不悦。

然而，书本却是个例外。

因为，这预示着好朋友即将到访。

不小心把书拿反，并且反着展开，

预示着好事即将发生。

如果一下子就翻到想看的页码则更是喜上加喜。

相反，如果词典上怎么都找不到要查的单词，则预示着工作中的失败。

掉落之后，故事开始

白葡萄酒洒出

希腊 Greece

爱尔兰人认为：葡萄酒从杯中洒出是不祥的预兆。

对此，希腊人区分得更细：

如果洒出的是白葡萄酒，便是喜事；

如果洒出的是红葡萄酒，便是坏事。

而俄罗斯人认为：无论哪种颜色，都是好事的预兆。

另外，洒出来的啤酒沾到身上，是幸运的征兆。

而若是把勺子放在杯中，喝的时候也不拿出来，

这样做不但有失礼仪，更是不吉利的象征。

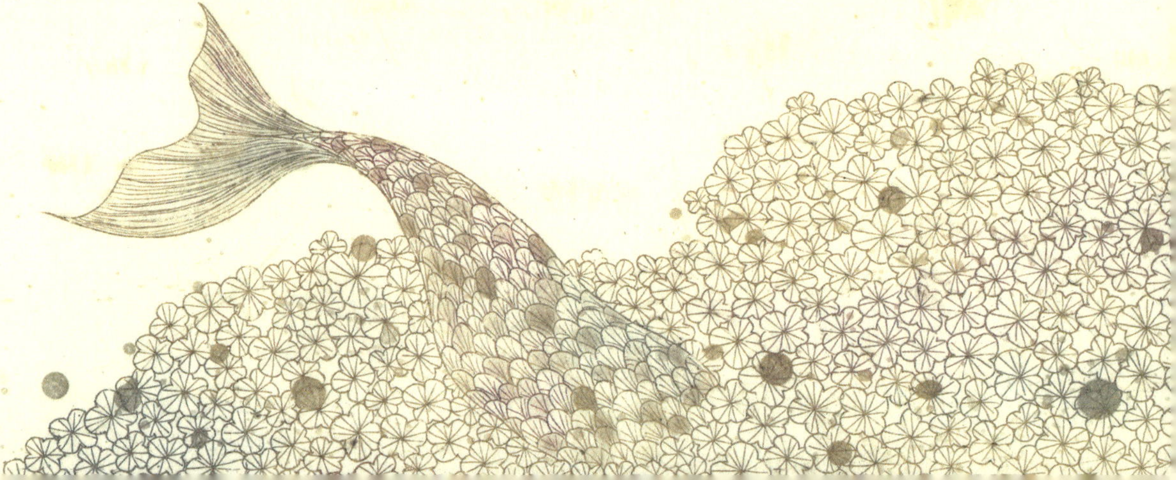

桌上，晶莹闪烁的一片水

如今在日本，已经很难见到编织衣物的女性了。

若是能同时见到五位女性编织衣物的情景，

这对于任何人来说，都是无上的幸运呢。

亲手编织的人，即使不小心被棒针扎到了手指也不要紧。

你亲手编织的物件，会成为幸运符，在你身旁保佑着你。

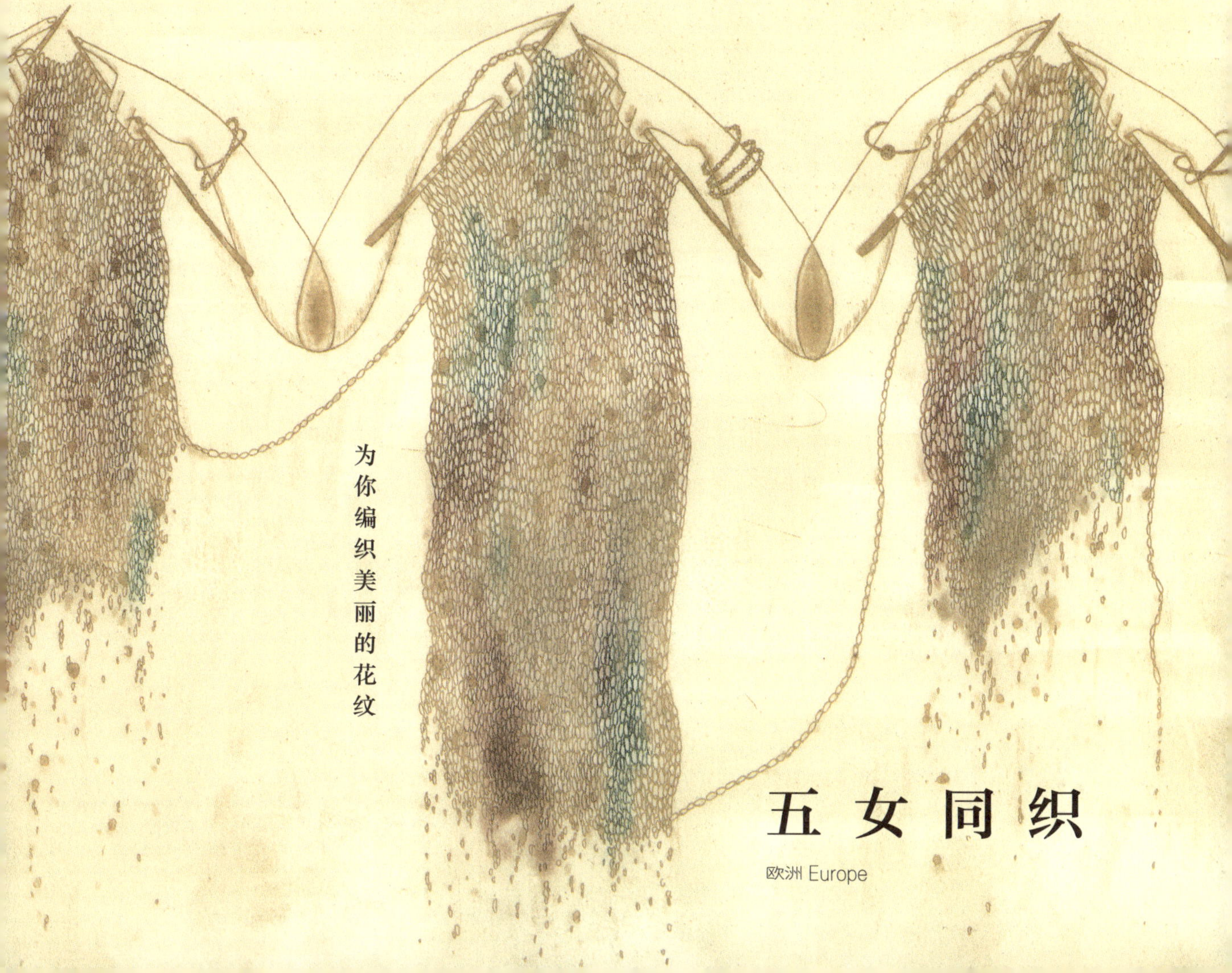

为你编织美丽的花纹

五女同织

欧洲 Europe

邂逅黑猫

新西兰 New Zealand

人们普遍认为：

看见黑猫，或是黑猫在面前窜过，是厄运的象征。

但在新西兰、英国等许多使用英语的国家，

黑猫却是幸运来临的前兆。

《魔女宅急便》中的老爷爷也是一只黑猫。

还有，在欧美国家，“月夜邂逅白猫”也是幸运的预兆呢。

在胡同里遇见的那个小家伙，
竟然是个小魔女呢

周 四 喷 嚏

英国 UK

日本人对于打喷嚏的次数也颇有讲究：
“一次是福，二次是祸，三次是感冒。”
英国人认为：在周四打喷嚏，是吉事的前兆。
还有一些国家流传着这样的说法：
当着初次见面的男性打喷嚏，日后会与他结下不解之缘。

为了那一天的到来，
准备着

弄脏信件

欧洲 Europe

虽说弄脏信件有好的寓意，

但故意弄脏可不行。

不小心把别人写给自己的信弄脏了才是吉兆。

写信时莫名其妙地手抖，也是幸运的预兆。

对了，周日递情书的话，

很有可能和恋人闹别扭，要多加小心哦。

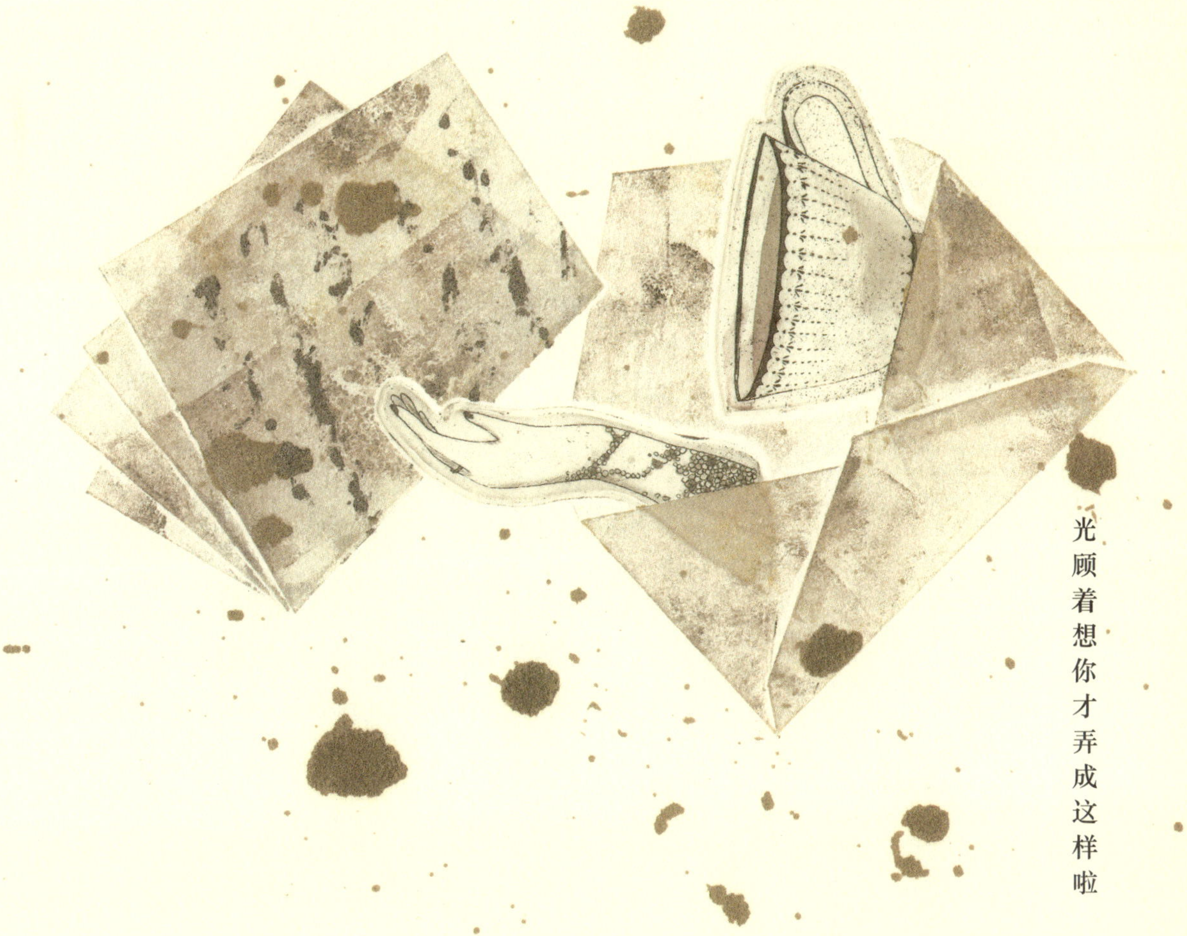

光顾着想你才弄成这样啦

3 月 14 日出血

欧洲 Europe

在日本，人们冬至吃南瓜、泡上等温泉、伏天穿过鸟居……

用各种各样的方法来避免罹患中风。

而在欧洲，人们则认为：

3 月 14 日流一点点血，就不会得中风了。

富山县流传着“4 月 18 日吃鸭蛋可以避免中风”的说法。

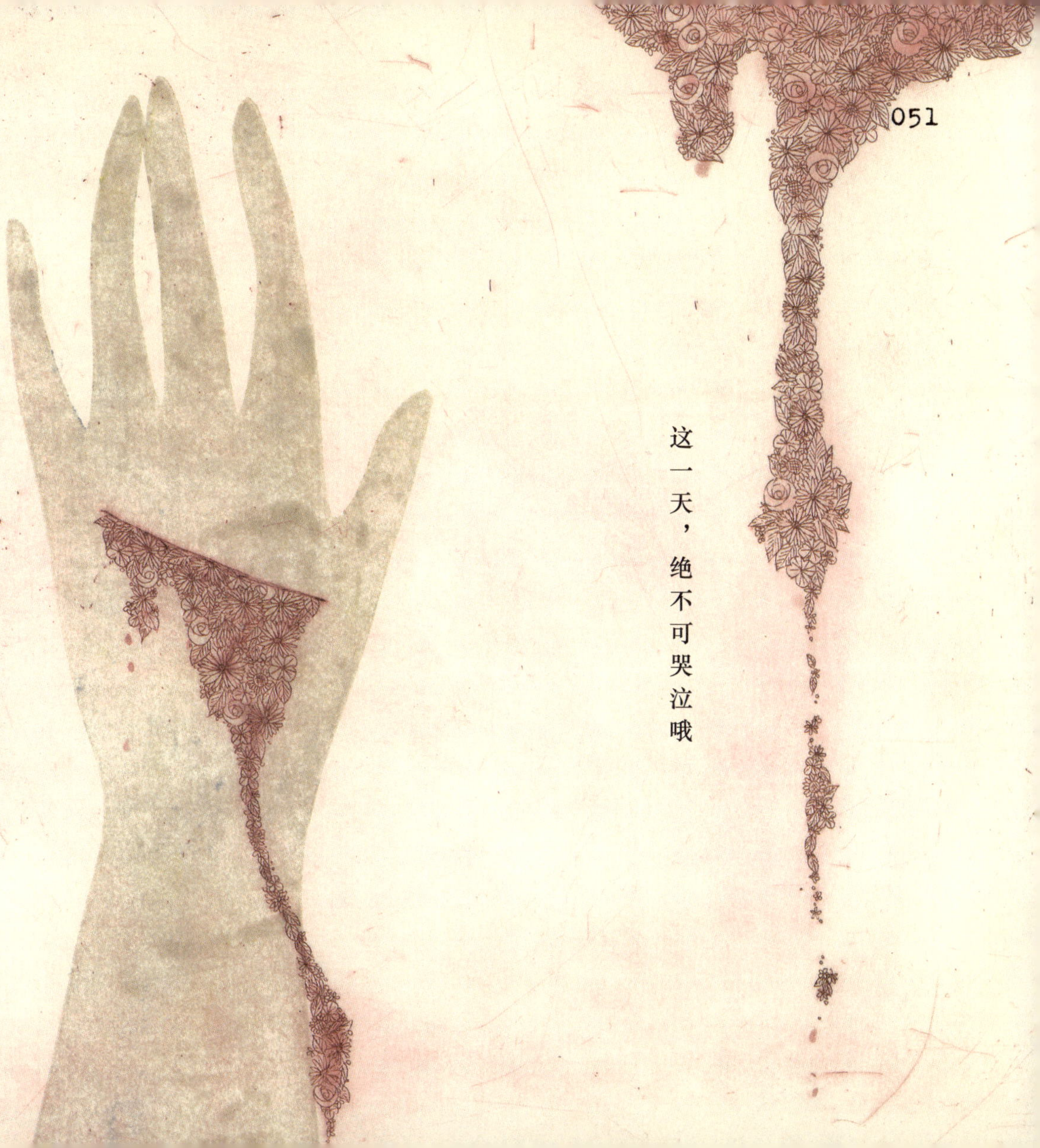

这一天，绝不可哭泣哦

如果后面断开了该怎么办呢？

屐带后侧断裂

日本 Japan

古装剧的套路经常是这样的：

木屐的屐带一旦断裂，肯定有人要倒霉了。

更确切地说，屐带的前侧断开是坏事，后侧断裂反而是好事。

在欧洲，鞋子的后侧开裂，预示着鞋的主人会变成穷光蛋。

在中国，用皮革制造鞋垫是不吉利的。

在日本，夜里脱新鞋，也是万万不可的。

耳 朵 发 痒

日本 Japan

在爱知县流传着这样一个说法：

如果感到耳朵发痒，第二天就会有喜事发生。

而德国流传的说法是：

右手掌发痒，代表财源滚滚；

左手掌发痒，代表钱财流失。

另外，在欧洲各地还流传着：

左耳发热，代表有人在背后说你的好话，而右耳发热则恰恰相反。

耳朵会告诉你，
明天将要发生的事情

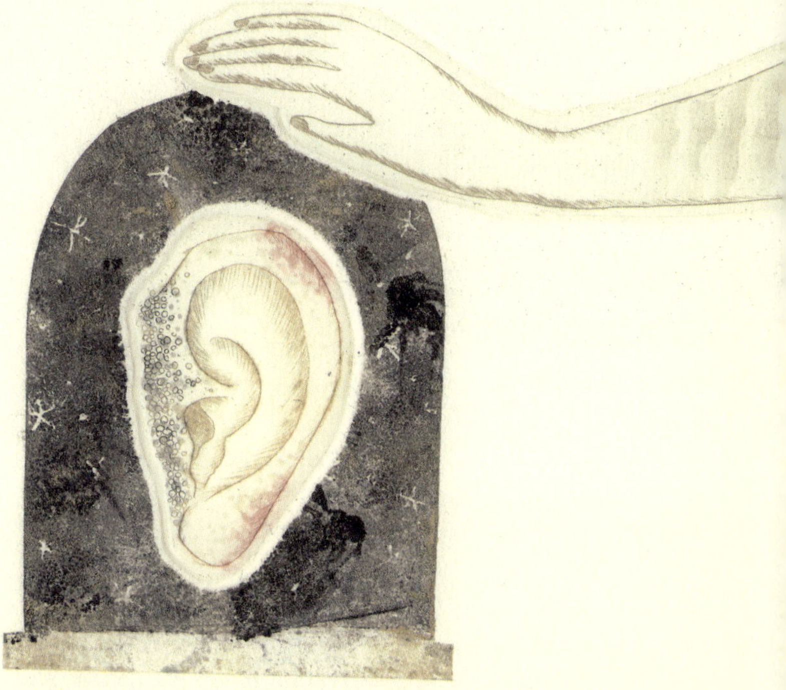

透过破洞，
能看到些什么呢？

阶 上 衣 破

欧洲 Europe

下台阶的时候把衣服弄破，反倒是件好事。
如果正巧破成 L 形，那便是 LOVE 的象征，
它意味着，你离自己喜欢的人更近了一些。
台阶会带你通向另一个世界，日本人认为它有着特殊的含义。
但在歌舞伎行业里，坐在台阶上是很不吉利的。

一般来讲：当你面朝南方时，

鸟儿从你的左侧，也就是东方飞来，预示着吉祥。

这一说法来自古罗马的官方占卜。

中国西藏认为：清晨听到的第一声乌鸦鸣叫，

如果是从北面传来，那么便会有喜事发生。

其实，世界各地的人们都认为：

没有鸟儿踪迹的地方是不祥之地。

飞鸟左来

古罗马 Ancient Rome

快看，飞鸟，就让它来带路吧

梦 见 小 猪

韩国 Korea

在韩国很流行小猪存钱罐，
梦见小猪，是财运大吉的象征。
而关于厕所的梦境，也大多意味着好事，
尤其是脏脏的厕所，更是预示着财源广进。
但自己做了美梦的事可千万不能告诉别人，
不然的话，这难得的幸运可是会悄悄溜走的。

美梦可是要保密的哟

踩踏K字井盖

瑞典 Sweden

在瑞典，人们认为：

踩踏带有K字的井盖，是恋爱的象征；

而踩踏带有A字的井盖，则预示着失恋。

在美国，人们认为：

踩进马路上的裂缝中，会招来与父母争吵等不幸的事情。

外出的途中，
不妨来占卜一下自己的爱情吧

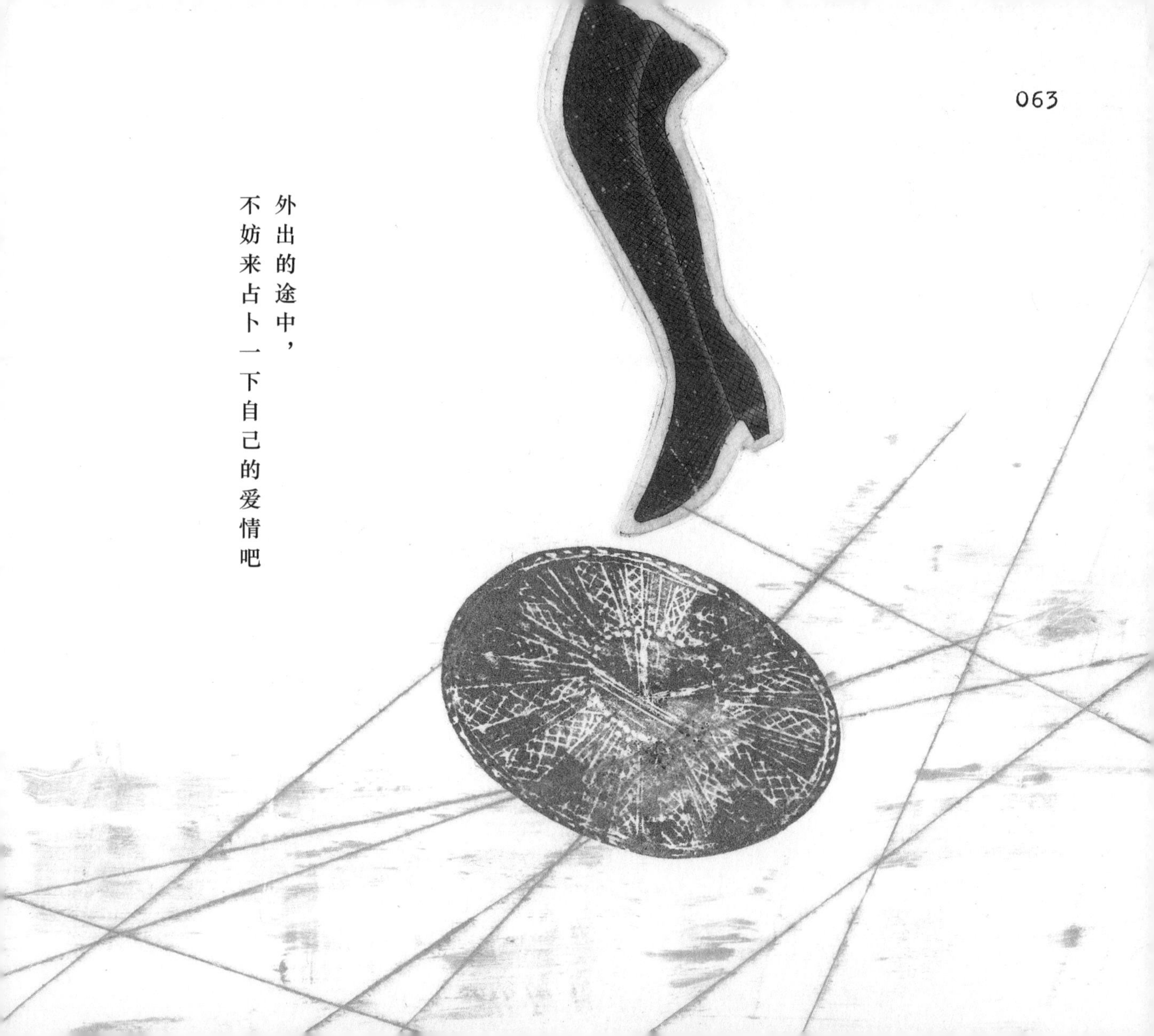

清晨第一

欧洲 Europe

晨起眺望窗外，
会为你带来好运哦。
第一个映入眼帘的动物或人类，
如果是雄性那就太好啦。
要是某天早晨起床，
发现被子里的羽毛沾到了头发上，
那一天有可能会发生不开心的事情。

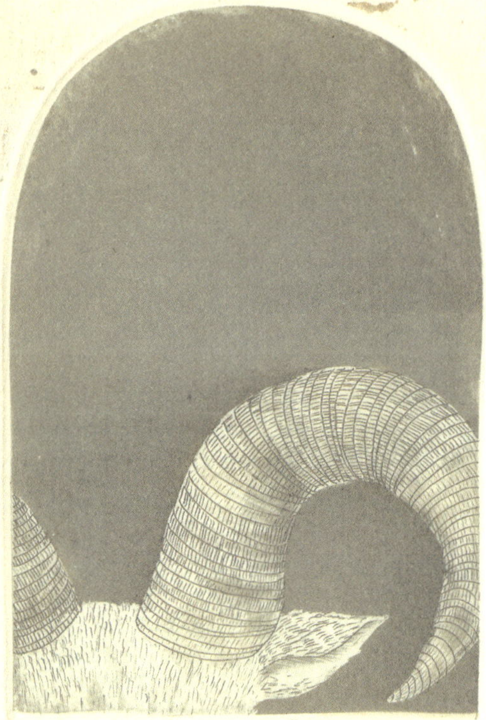

打开窗帘，会看到怎样的景象呢？

蜥 蜴 断 尾

日本 Japan

蜥蜴自断尾巴的行为，
目的是防御敌人，保护自己。
如果目睹这一幕，就会有好事发生。
在泰国和巴厘岛流传着这样的说法：
壁虎连续叫七次，是幸运降临的预兆。
但外出时听见壁虎的叫声是不吉利的，
这时最好还是乖乖待在家里吧。

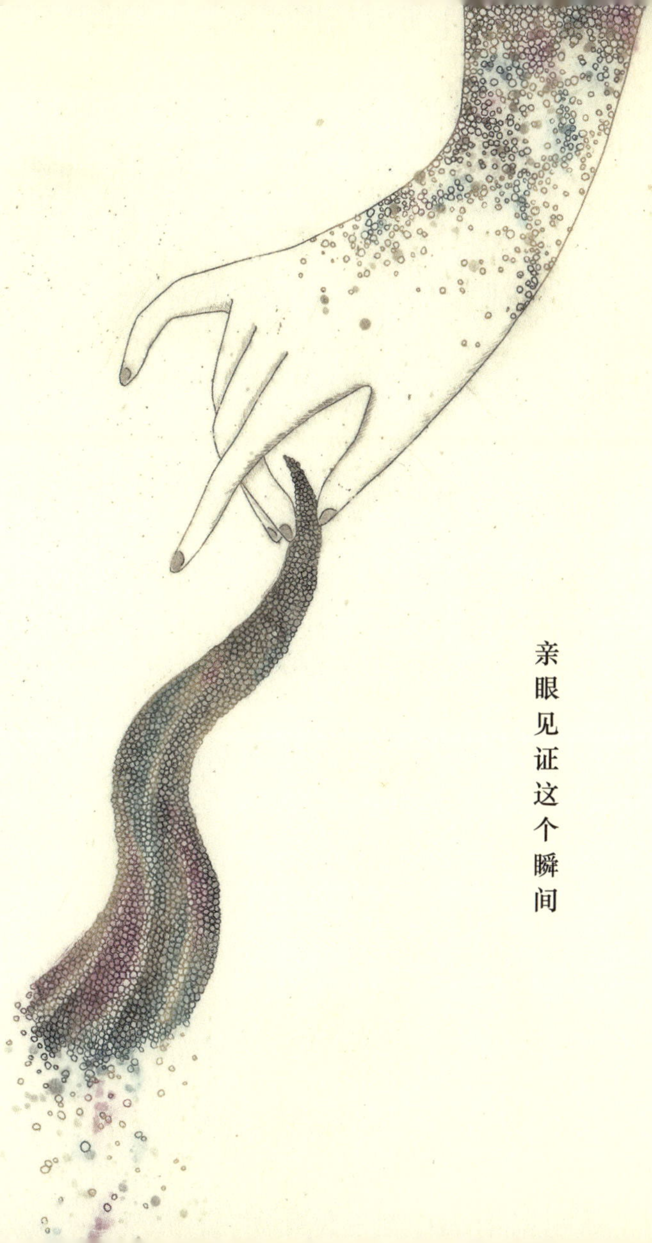

亲眼见证这个瞬间

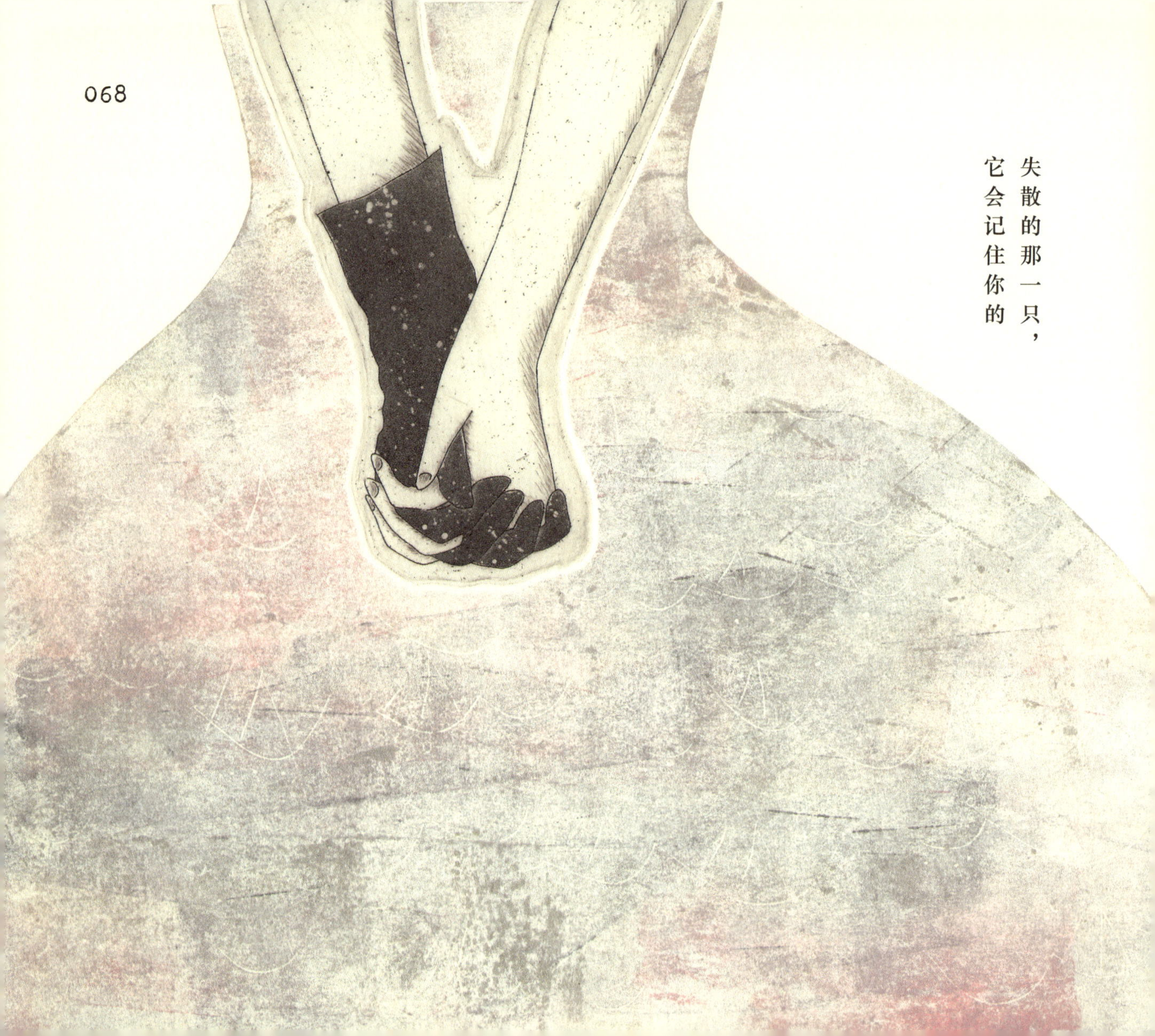

失散的那一只，
它会记住你的

弄丢手套

欧洲 Europe

有时候，路途中的“麻烦事”也会为你带来好运。

只要保证不受伤，

那么，被铁丝网绊住是好事，

弄丢手套也是幸运的前兆。

如果丢的是左手套，那么便意味着好运。

有些地方，人们则认为：

如果两只手套一起丢失，

说明你很快就要摆脱单身啦。

悄悄许下愿望

九 粒 豆 荚

英国 UK

一个豆荚中有九粒豌豆，
真可谓是世间少有，
只要能碰上就是幸运，
甚至，还可以用它来施展魔法呢。
将写有“进来吧，别害怕”的纸放入豆荚中，
再把豆荚放置在门闩上，
那么，第一个从这里经过的男性，就是你未来的恋人。

黄 昏 飞 蛾

欧洲 Europe

很多人都觉得：蝴蝶美丽可爱，飞蛾却招人讨厌。
但欧洲人认为：飞蛾身上有一种神秘的力量，
会带来幸运和吉兆。
黄昏时分，飞蛾在你身边盘旋飞舞，
意味着有好事即将发生。

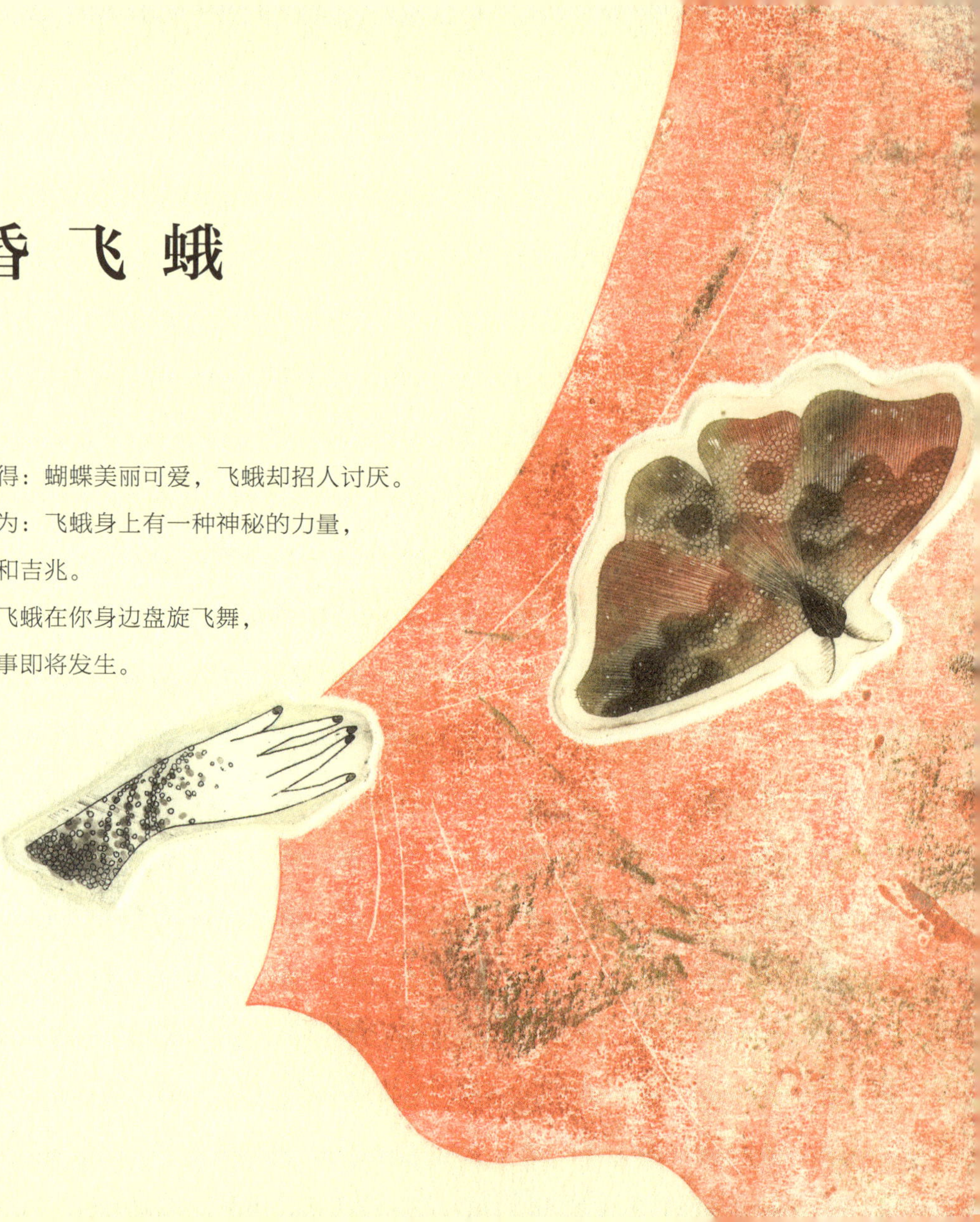

黑夜降临之前带来光明，
随后消失在黑夜中

咖啡泡泡

意大利 Italy

向咖啡里加糖的时候，
如果泡沫集中在杯子中央，
那么，它和茶叶棍一样，都是幸运的标志。
如果泡沫形成甜甜圈的形状，则预示着快要下雨。
燃烧咖啡豆是好事，用叉子搅拌咖啡则是坏事。
有些国家则认为：浓红茶是喜，淡红茶是忧。

在杯子里描绘的未来

盐堆翻洒

日本 Japan

三角形和圆锥形的盐堆，

从平安时代起就是吉祥的象征。

人们认为：

净盐和盐堆，都有着神秘的力量。

如果一不小心把盐堆打翻，

在欧洲被认为是不吉利的。

令人意外的是，这在日本却被认为是吉兆。

因为人们相信，虽看不见，它却能够驱除恶魔。

感知幸运，洒落幸福

捡到的钥匙，可以打开哪扇门呢？

钥匙折断

欧洲 Europe

众所周知，

捡到钥匙是好事，

丢失钥匙是坏事。

不过，要是能重新找到丢失的钥匙，

还能顺便获知令人吃惊的秘密呢。

钥匙断在锁孔里，也是好事发生的预兆。

另外，钟表出现故障，一般都不大吉利，

但如果钟表在早饭之前停止，反而是好事。

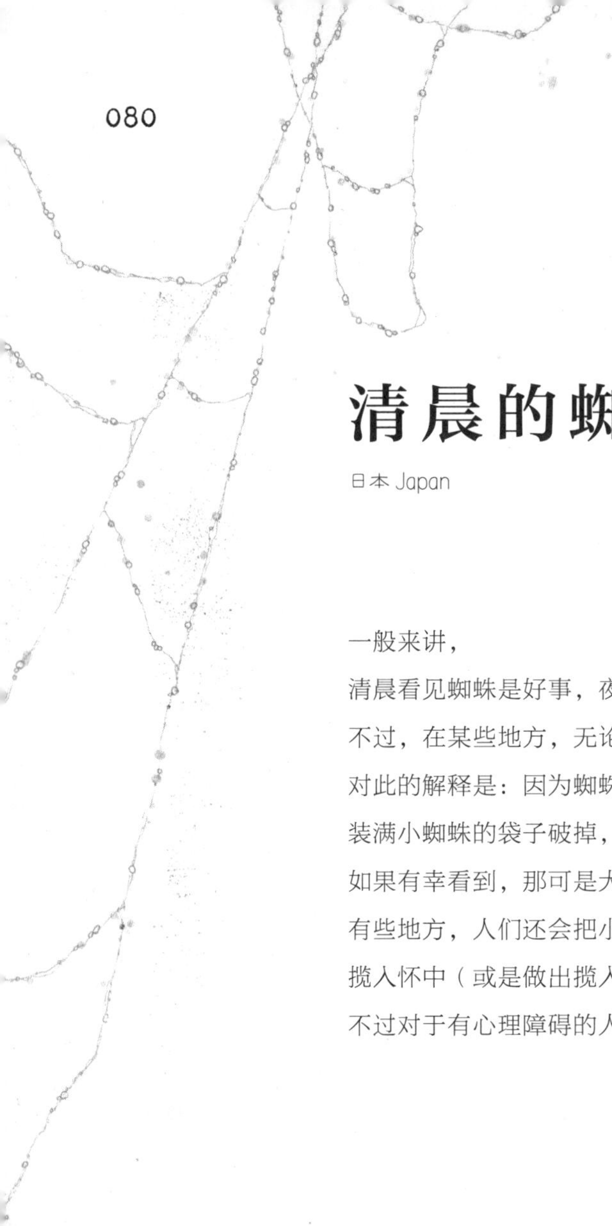

清晨的蜘蛛

日本 Japan

一般来讲，

清晨看见蜘蛛是好事，夜里看见蜘蛛是坏事。

不过，在某些地方，无论白天或黑夜，看见蜘蛛都值得开心。

对此的解释是：因为蜘蛛吃害虫，对人类有益。

装满小蜘蛛的袋子破掉，小蜘蛛散落一地的景象，

如果有幸看到，那可是大喜事。

有些地方，人们还会把小蜘蛛捡起来，

揽入怀中（或是做出揽入怀中的样子）。

不过对于有心理障碍的人来说，这个动作就算再吉利，他们也做不到。

令人讨厌的蜘蛛，
清晨现身，
化为幸运的使者

布谷啼叫

印度 India

印度人认为：布谷鸟的啼叫声是幸运的标志。

尤其是当声音从右边传来时，则意味着有喜事发生。

日本人认为：听见杜鹃第一声啼叫的人，当年会被幸运眷顾。

但千万不能在厕所里听到，不然会化吉为凶的。

想要用右耳聆听，
那轻轻的啼叫声

脚 踩 犬 粪

法国 France

据说，江户最常见的三样东西：伊势屋、稻荷神社、狗粪。
近来，巴黎的大街也因为随处可见的狗粪而远近闻名。
据说，左脚踩到是幸运，右脚踩到是不幸。
对了，在日本和俄罗斯，被鸟粪砸中也代表着幸运。

如果是左脚不小心踩到的话，
就别往心里去啦

无意中亲手接住
从你身上掉落的耳环

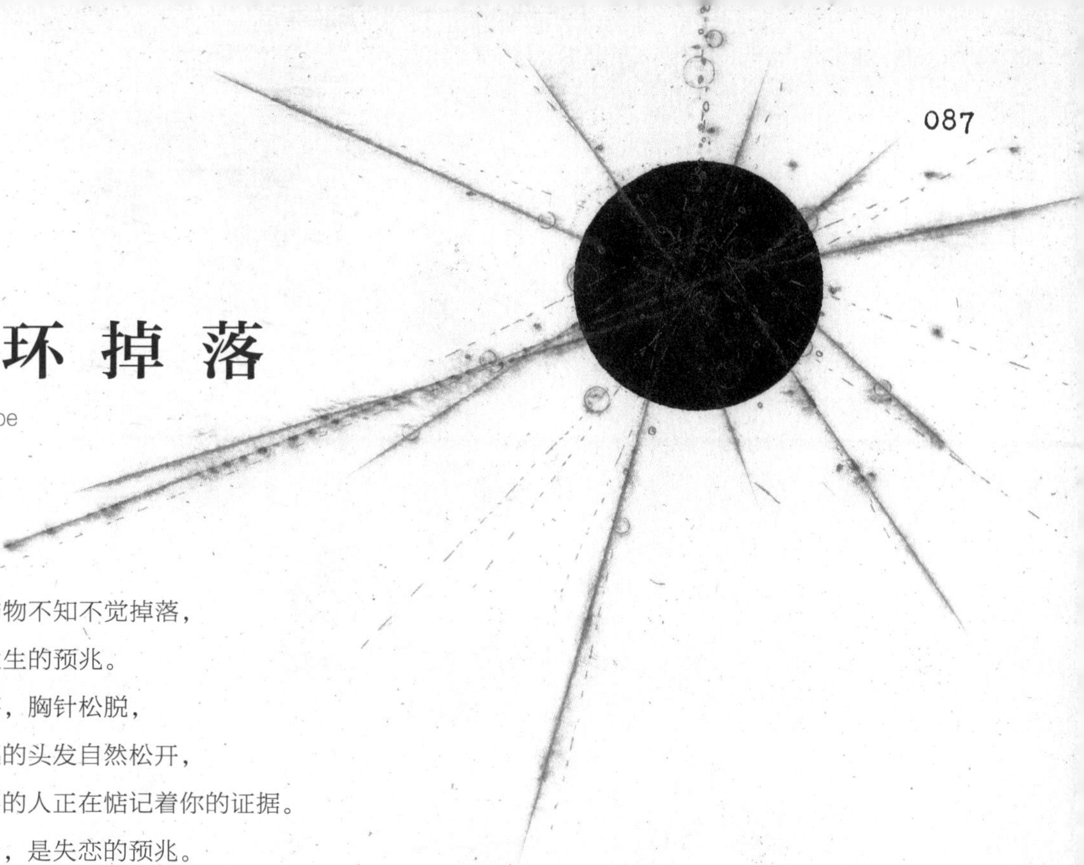

耳环掉落

欧洲 Europe

身上的饰物不知不觉掉落，
是喜事发生的预兆。
耳饰掉落，胸针松脱，
以及束起的头发自然松开，
都是重要的人正在惦记着你的证据。
丢失发卡，是失恋的预兆。
帮朋友戴上脱落的发卡，是幸运的预兆。

猫跨过病人

日本 Japan

日本人认为：猫咪从久卧在床的病人身上跨过，
会加快病情的痊愈。
但欧洲人则认为：猫咪绝不能进入卧室。
胸前长着白色羽毛的鸟在病床前飞舞，才是痊愈的预兆。
在病人家里弹钢琴是万万不可的，据说会导致病情恶化。

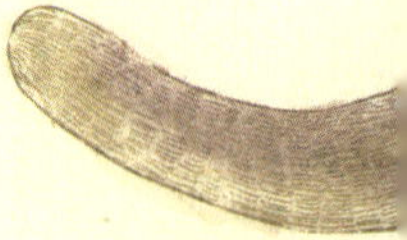

要是主人生病了，猫咪住在哪里好呢？

面包里的小麦粒

欧洲 Europe

财运签和加雷特·德·罗瓦的人像，都是幸运的象征，
还有面包里残留的小麦粒，也是幸运降临的标志。
千万不要随便吃掉，把它放在玄关外面，
此后，第一个经过者的名字里，
会隐藏着你未来恋人的名字。

小小宝物被找到啦

蝴 蝶 起 舞

日本 Japan

蝴蝶与飞蛾，在生物学上并没有严格的区别，

但喜欢蝴蝶的人远远多于喜欢飞蛾的人。

蝴蝶飞进家门，是好运来临的象征。

连欧洲人都相信，黑蝴蝶飞进门是件大喜事。

但秋田县是个例外，那里的人们认为：

喜欢穿蝴蝶花纹衣服的女性，反而会有厄运。

把窗户打开一些，
让它们飞进来吧

邂逅灵车

日本 Japan

梦见葬礼，是幸运的暗示，因此是吉祥的梦境。
据说，在现实世界里，路遇陌生人的葬礼或者灵车，
也是好运，尤其是赌运上升的象征。
有些地方流传着这样的说法：
遇到灵车的时候，一定要把大拇指藏好，
不然的话，至亲就会离你而去。

送行陌生人

红 色 羊 毛

欧洲 Europe

不要犹豫，
快快拾起那份热情吧

在欧洲，红色羊毛是带来幸运的流行标志。

无论是拾到它还是不小心烧掉它，都是吉祥的象征。

古埃及人认为：一个人穿上羊毛制品之后，感情会变得强烈。

其他一些“拾到”就代表着好运的东西，比如：

男士外套的棉绒、手套、裤子的纽扣、手帕、钥匙、蜗牛壳等等。

就算有那样的一天，也不错嘛

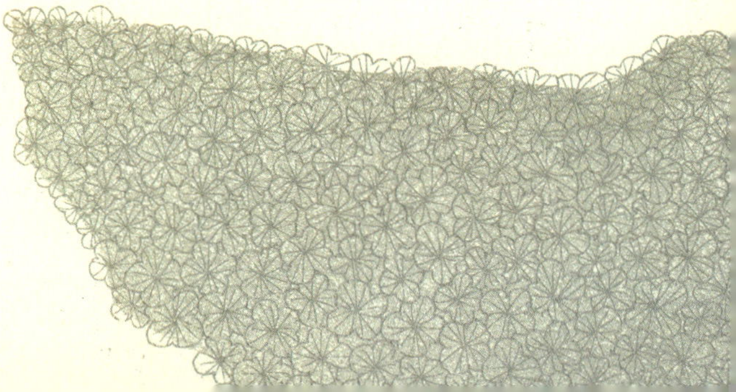

忘 铺 床 单

欧洲 Europe

把床铺整理干净当然是好事啦。

相反，若整理床铺时不小心忘记了铺床单，

是快要结婚的预兆。

但把床单弄坏可是大忌。

关于“忘记”，还有一个说法是：

忘记将冲好的咖啡倒进咖啡壶，是吉兆。

但偷窥咖啡壶里面的样子，是万万不可的。

茶 梗 立 起

日本 Japan

就算发现茶梗立在杯中，
也千万不要兴冲冲地一饮而尽。
而是要不慌不忙地等待茶梗倒下，
因为幸运，会沿着茶梗倒下的方向，
来到你的身边。
无论煎茶、烤茶，越是名贵的茶品，
茶梗越难在杯中立起来。
如果是玉露的茶梗立了起来，那可是天大的喜事。

浮于两手之间的路标

鲱鱼折骨

欧洲 Europe

在欧洲的一些地区，自古就流传着这样的说法：
吃完鲱鱼肉之后，把它的骨头折断可以辟邪。
而且，吃掉鲱鱼眼也能带来好运。
罗马人认为，在复活节前夜吃鱼，会有好事发生。
而美洲土著认为，吃鱼的心脏，会有坏事发生。

命运的魔法，来自大海

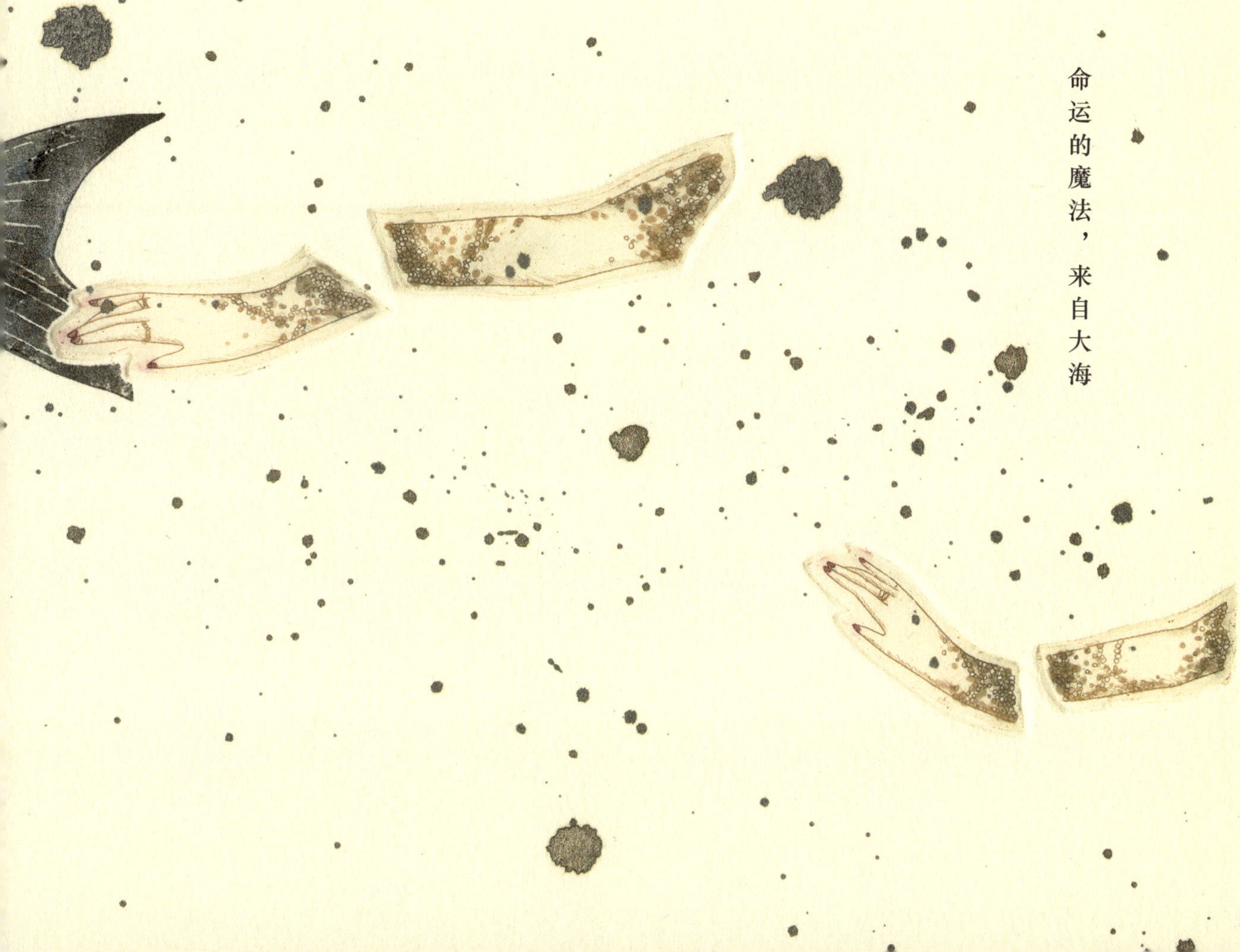

四次生火

欧洲 Europe

划柴取火的时候，

若划第四次时擦出火花，则要有好事发生。

用一根火柴多次点火是不吉利的。

还有，重复点三次烟以及三个人一同点烟，都是不吉利的。

说到底，烟这东西在现代，本身就有不好的含义。

别着急，慢慢来，没关系

啤酒品牌 KIRIN 的商标就是“麒麟”。
它不但象征着个人的幸福，
更象征着整个国家甚至全世界的幸运。
不过，麒麟这种动物也许并不存在，只是人们的幻想。
有人说，目睹“孔雀进公园”的场景也是吉兆，
不过，这话是真是假，倒也难说。

目睹麒麟

中国 China

怀揣美好的愿望，
梦见理想

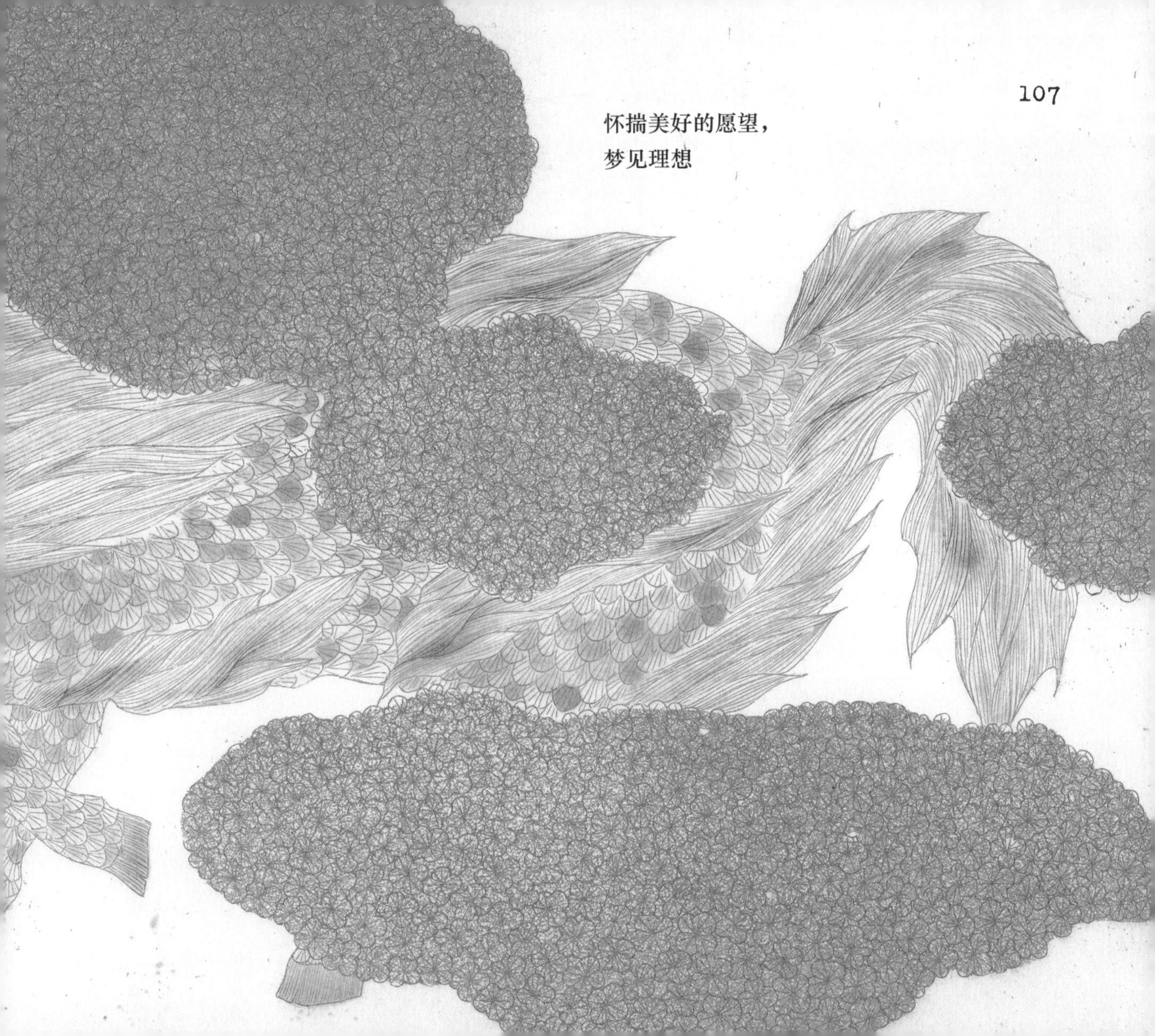

第一位女顾客

日本 Japan

早晨第一个光临的顾客如果是女性，

店家会生意兴隆，是件好事。

如若来的是和尚，那就不吉利了。

出租车的第一位客人如若是女性的话，也是好事。

三个女人结伴最先走进剧场，是吉兆。

古希腊人对装饰着白花到访的不速之客，是不予欢迎的。

在门的对面，
会有什么样的人在等待着你？

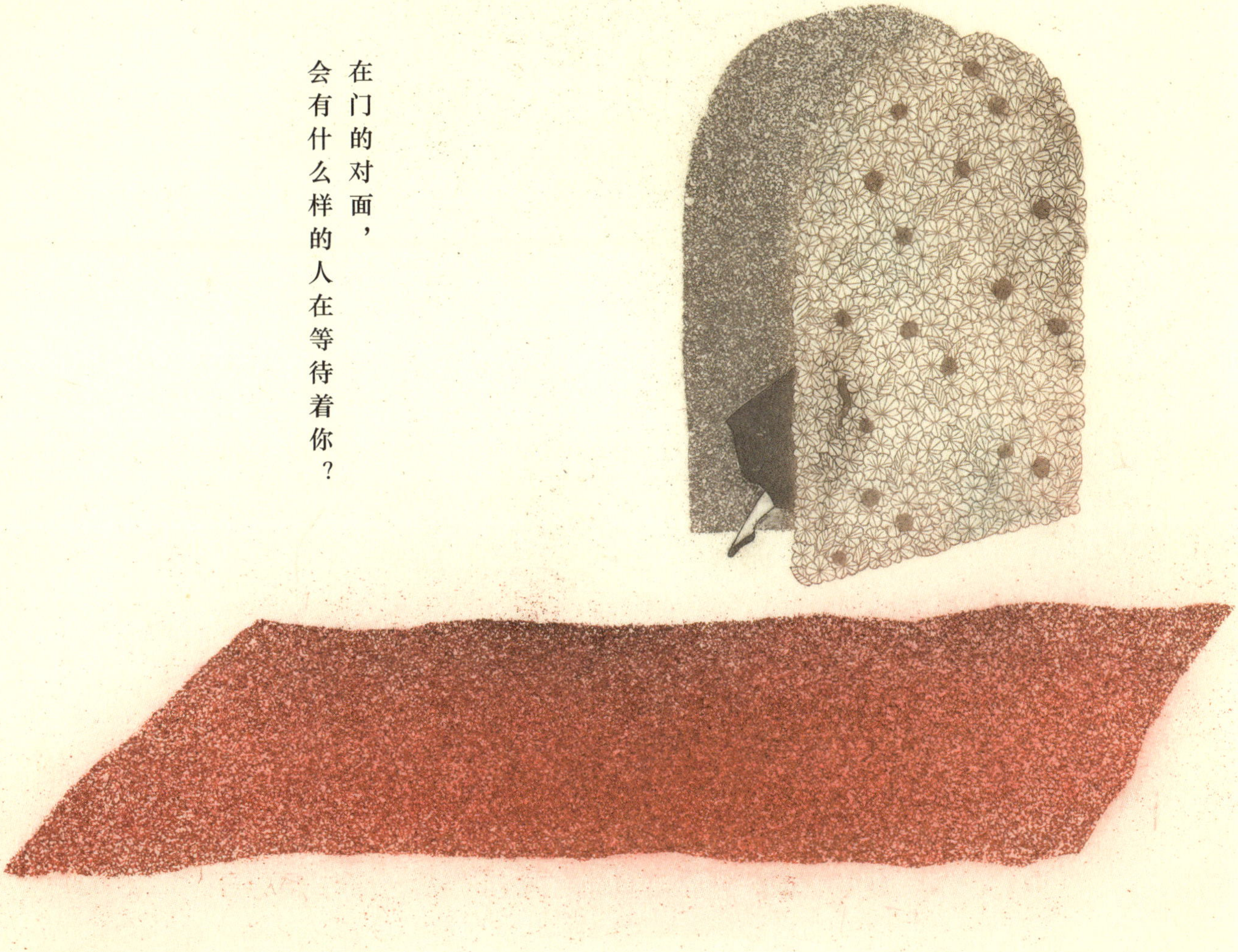

参考文献

荒俣宏『ジンクス事典』长崎出版
铃木棠三『日本俗信辞书』角川书店
樱井德太郎编『民间信仰辞书』东京堂出版社
F・David・Beat『シンクロニシティ』朝日出版社
Leonard Murodinau『たまたま—日常に潜む「偶然」を科学する』钻石社
Leonard Murodinau『しらずしらず—あなたの9割を支配する「無意識」を科学する』钻石社
Duncan Watts『偶然の科学』文库 NF
Tommy 植松『英語の迷信エッセイ事典』洋贩出版
北嶋廣敏『日本人の「縁起」と「ジンクス」』PHP 文库
V・F・Snow Cobbets『呪術の世界—迷信・宗教から科学へ』白扬社
Desmond Morris『ビジュアル版　世界お守り大全』东洋书林
Arthur Kestler『機械の中の幽霊』筑摩学艺文库
C・G・Jung『人間と象徴』河出书房新社
I・Ovie, M・Tatum 编『英語迷信・俗信事典』大修馆书店
LIAL Watson『生命潮流』工作舍
日本博学俱乐部『ツキを呼び込め！迷信・ジンクス雑学事典』PHP 研究所
日本博学俱乐部『あの「迷信・ジンクス」は本当か？』PHP 文库

本书中关于“吉兆”的解释，各参考文献中的记载有所不同。

图书在版编目（CIP）数据

全世界的小幸运 /（日）米泽敬著；（日）出口春菜绘；罗梦迪译 . — 南昌 : 百花洲文艺出版社 , 2018.8
ISBN 978-7-5500-2907-1

Ⅰ . ①全… Ⅱ . ①米… ②出… ③罗… Ⅲ . ①社会科学—通俗读物 Ⅳ . ① C49

中国版本图书馆 CIP 数据核字（2018）第 139504 号

江西省版权局著作权合同登记号：14-2018-0152

全世界的小幸运

QUAN SHIJIE DE XIAO XINGYUN

〔日〕米泽敬 著　〔日〕出口春菜 绘　罗梦迪 译

出版人	姚雪雪
出品人	李国靖
特约监制	夏　童
责任编辑	袁　蓉　叶　姗
特约策划	凉小小
特约编辑	凉小小　大橙子
版权支持	韩东芳　李若昕
封面设计	小茜设计
版式设计	王雨晨
封面绘图	李淡淡
出版发行	百花洲文艺出版社
社　址	南昌市红谷滩世贸路 898 号博能中心Ⅰ期 A 座 20 楼
邮　编	330038
经　销	全国新华书店
印　刷	北京中科印刷有限公司
开　本	787mm × 1092mm　1/24
印　张	5
字　数	14 千字
版　次	2018 年 9 月第 1 版第 1 次印刷
书　号	ISBN 978-7-5500-2907-1
定　价	42.00 元

发行电话　0791-86895108
网　址　http://www.bhzwy.com

TO:

我所能想到的最好的礼物，

就是把全世界的小幸运收集起来送给你。